PHILIPPE CEBEILLAC

Paroles de tableaux sans tableaux

Approche du désir, conquête d'une île où les passagers demeureraient regardants à l'horizon les lèvres que font les voiles, accostants enfin dans l'île rêvée rempli d'êtres et de choses animés par une douce attente, par une tendre violence.

Navire ne vire à l'approche du désir, conquête d'une île où les passagers demeureraient regardants à l'horizon les lèvres que font les voiles.

Fleur calice, carnivore éphémère, fruits tropicaux, jamais assez !

Navire ne vire sur la rive arriva.

Étoile de mer dérive !

Camaïeu bigarré!

En triangles agencés émus de couleurs tendres et fauves les voiles du navire irréel étaient le reflet solaire d'un rêve de rive.

Egards à ceux qui veulent nommer la ressemblance. L'optimisme est incertain et universel, il a les yeux verts et porte le temps à son oreille droite et une faille noire qui creuse son visage.

L'on peut affirmer toujours il reste une part incertaine à l'audace méritée. Disparu le temps, ombrée l'oreille. Trois trompettes résonnent. Deux traits l'enserrent.

L'optimisme c'est savoir la douleur qui déchire le visage mais regarder en face le désir qui change.

L'HOMME À LA LANTERNE

Dans le désespoir des lieux communs restent parfois certains êtres couleur lie de vin vêtus de mort, aux cheveux comme la lueur d'une flamme, comme l'ambre d'un alcool. De leurs mains inoccupées ils appuient leurs têtes de toutes parts et rêvent le monde fait de reflets cassés, de miroirs salis comme suspendus en la vie. Ils la regardent se regardant par mégarde.

Le regard des autres va en tous sens écrasé par l'appel à bouger, vivre et être. L'homme appuyé prolonge son corps et devient liquide environnant qui éclaire enfin le monde plein de bruits, de foules et de gens.

Tromboniste à pleins poumons! Gars et filles proches à se frôler et caresser!

La cravate fragmentée pend à la verticale. Il reste assis rêvant à être, l'homme à la lanterne qui est teint couleur lie de vin.

BANANIA ET TRANSCENDANCE

Paille de soleil hissée en l'air par la frêle noire qui sue le sable de jaune et rouge coloré. Elle pose ses pas sur son ombre allégée de sa peine, éplorée de douleur. Langues de feu ! Sabres en cercles ! La petite Banania aime les couteaux blancs et danse en transe avec sa peine et sa botte de soleil, sueur de sable.

Légèreté des êtres, l'esclave aime le bon maître. Accrochée à ceux qui le retiennent, elle avance son ombre au raz du dallage qui aux pieds d'un homme regardant échoue le cigare fumant habillé de rouge.

Et tous ces gens ! Moisson de paille! Tonneaux d'or! Indigence sainte!

AMAN.

Le vent chaud et lumineux fauche l'air en cercles rapprochés. Fontaine de pourpre et d'or épuisée de son liquide renaissant. Ah! L'homme désespéré au bord du désir ne boit que l'eau de tes larmes. Leur saveur amère te rappelant ta naissance, et tes mains qui te cachent griffent ta présence.

Que ne tient-elle parole? Glisse t'il à l'espoir.

L'horizon est mon promontoire murmure le soleil.

Entre Schéhérazade et Phébus, cigognes et hirondelles aimées d'amour tissent en l'air mille et un liens entre l'orient et l'occident. Jeux d'enfants bonhommes et discourtois. Un soleil et la terre dans l'évidence primaire égalent notre regard surpassé. Soleil d'azur et terres en flammes la griffe écartée laisse place au visage. A celui qui ose regarder, hommage, alors qu'en sa bouche crache le magma. Boules d'onyx noires guettant l'instant où la femme à tête noire et ailette blanche caresse ses lèvres de rocs et peaux de cuirs.

La terre fracassée exhale ses chaleurs. Cicatrices et jeux d'enfants. Sueur de lumière : demeure de l'homme. Ombre issue d'une ombre et la fine clarté tracée déflore le regard. Extase d'un pays l'autre! De la lumière à l'ombre! Mot d'aile écrit à même l'air. Éclair! Extase d'un pays l'autre de l'ombre à la lumière! Mot d'aile de givre écrit à même l'air suspendant l'éclair.

HOMMES DU RIVAGE LE PHARE VOUS ÉBLOUIT.

L'homme placé au bord regarde au lointain le ciel ajouré de soleils.

Le phare scintillant appelle les navires égarés aux hublots vitreux.

Du couchant désespéré fuse un vent blanc issu d'une ombre abyssale, l'envers est l'endroit.

Il regarde et espère voir la côte, être le lieu où il amarre.

Foudroyé par l'énergie transcendée du phare réel, celui qui était, nuage trompeur, éclate en mille morceaux. Le soleil était au couchant, et le vent électrique s'il le touche le caresse.

Les paquebots nocturnes font escale au firmament.

Les amants de la nuit soupirent de concert.

FARFADETS SWING

Les lutins gracieux en bonds inexacts gambadent sur les lignes organisés en durées avec des éléments colorés.

La toile est tapissée d'êtres éphémères qui passent et disparaissent.

Farfadets swings, danse des vivants, si petits si brillants, tapisserie momentanée.

Ils sont trop nombreux pour qu'il y en ait un de présent.

A même la nuit rassemblé en groupes ils dansent.

ASTRE BLOTTI

Astre blotti, et celui qui le voit se reflète en ses yeux bijoux tapageurs faits de strass et pacotilles, les offrandes indigènes désirent l'éclat et offrent leurs facettes.

L'homme est un soleil qui éclaire de sa vue les choses qui le cernent. Hommage à Pythagore.

La danse des astres a la folie mesurée et si la terre tourne autour du soleil c'est que le soleil tourne autour du ciel.

Les yeux reflétant sont plein de regards.

Le troisième œil est au milieu.

L'écorce oui, la pulpe non!

Sur le front l'orifice absorbait la lumière.

Clown du jour, appuyé en un coin du cadre, d'une rue. Il attend. Posé sur son corps de feu son saxophone repose réfléchissant pendant que dans le ciel tourne le soleil telle une plaque de cuivre martelée.

Les balles de billes tirées à toutes volées n'ont pu que s'enfoncer légèrement dans la tendre toile tendue.

Danseur fou désarticulé par les rythmes, du chapeau à la canne, tout vole en éclats lumineux.

Samouraï infernal cassant le cadre, il attend l'abandon du regard de l'autre lui permettant d'aller gesticuler sur la scène, dans la vie. Magicien ludique au coup de dés vertigineux.

ULTIMATUM

Sommé de choisir, il hésite trois fois et cligne de l'œil en triangles et cercles.

Le fier tombeau dressé dans l'azur ignore les pleurs et embrasse le regard qui le prend éphémère.

Sommé de choisir il décide de mourir.

On tailla dans la pierre sa réponse, éphémère, éternellement humaine.

Irritée par le ciel, la statue colossale pris appui sur son ombre pour défier la présence.

Tout est de chair, de vide et d'air.

Rassemblé il pouvait être rêve de vitraux saints, rêve d'un instant, ultime atome qui devient moment.

En Provence, sous la chaleur, quand la nuit se penche, la matière lève.

L'aube déjà...

LE BOURREAU

Souffrir, souffrir par et contre par vouloir et désir.

L'entêtement à être rempli d'espoir le plus fou d'entre nous.

Comme un morceau de chair fraîche transpercée par le fer l'aube rougit interdite.

Il poursuit son chemin : souffrir, souffrir par et contre pour désirer, vouloir. Barbelés d'épines.

Adorer l'églantine aux feuilles moussues au pétale blanc.

Le bourreau malveillant dans un excès de zèle déchire la cellule à grands coups d'ombres et de cris.

Le jour qui nait planté dans le crâne refuse le sang.

Q'AMAD

Bouton de fleur ou bien rameurs? La pelle roulée en feuilles se dépliera au contact de l'eau.

Les hommes debout précipitent sereins la pirogue contre l'écume, poissons aux nageoires d'eau, amande taillée dans le papier.

Guerriers aux lances acérées! L'ennemi est tout autour et le bouclier est à protéger.

L'ombre noire c'est l'âme des porteurs de rames finement dagués dans l'obscurité, guerriers aux lances acérés.

Contre leur corps ils pressentent l'instant.

Les entrailles rituelles, balbutient l'Equateur

FLAMME DE MER

Arc d'argent en un seul mouvement scindant la toile.

Arc s'élevant et sombrant.

C'est le vent qui le bande et l'arête vive l'entaille du bout de l'œil.

Lèvres noires dans le feu de l'âtre.

Braises de nuit avivant le mouvement.

La virgule atemporelle scande, use.

Lecture instinctive.

Flamme de mer, âme de nuit.

SYNTAXE

Brouillamini tsigane!

Danse, saute, sursaute, suspendue en l'air.

Deux rectangles nous renvoient à nous, la nuit et le jour liés par la colonne, nerveuse et coincée.

Et si elle ne cherchait qu'une série d'à-plats noirs qui agence son territoire et l'organise tel un vitrail. Ainsi serait elle ceinte de clartés traversées par un saint axe.

ENERGIE

Soleil et courbes, dilatation, l'air est vapeurs, chaleur et fraîcheur.

Echos en l'air de ce qu'il y a sur terre?

Tout est la terre !

Quelle terre ? Gronde l'éclair…

Au loin, tout proche. Energie est là! Comme si le ciel était de pierre.

S'avancer, s'avancer sur ce dallage lumineux, vers cette table gorgée de clarté.

S'avancer, s'avancer vers ce ciel fait de terres, zébrés d'éclairs, lumineux, incertains.

S'avancer, s'avancer…

L'énergie est dans le passage.

Presqu'île galactique. Les deux pieds justes au bord.

La peur ?

Que non!

Les palmiers sauvages tournent suffisamment pour écarter les importuns. Et ce ciel si doux, violent! Automne d'un moment.

Pétillent! Jaillissent! Propres et neufs les éclats lumineux!

Armoiries d'or dans l'œil bien arrêtées.

Parfois la nuit humaine est un défi à l'aube...

Arbres et palabres, arbres de feu, brèves palabres.

PAPILLONS INCANDESCENTS

Papillons de jour, de la nuit de l'aube et du crépuscule.

Papillons galactiques en ronde tournent! Dentelés, émaillés!

Le fou et son reflet les empêchent d'être réels. Allez savoir pourquoi ils s'en moquent. Pour eux n'importe que l'instant, à preuve le duvet incertain qui nappent leurs ailes colorées.

La faille immobile séparant les profils, les petits hommes n'osent voler. Statufiés par le vide ils regardent l'à-côté, oubliant la joie incertaine du pain audacieux qui ravirait leurs yeux et les placerait dans le rêve réel. Ecoutez le frou-frou des ailes en l'air, il indique la mesur

RIVAGES STÉRILES ET LIMONEUX.

Le ciel est plein de nuages, d'anges et d'êtres. La mer est une vague, la vague est une montagne, la montagne une crête d'écume et la terre est un magma gorgé de sable et de rocs bouillants. Rien ne pousse tout sourd! En deux moitiés, en trois parties. Ce rivage est stérile tant qu'aucun ne lit mon œuvre...

Le ciel est plein de nuages, d'anges et d'êtres.

La montagne est une vague, la vague est une mer, la mer une douce sœur humectant les lèvres des rivages tropicaux.

Trois pachydermes grondent leur espoir de voir surgir, enfin, l'instant heureux où l'homme réconcilié avec le feu habiterait la terre drapée dans l'air.

L'éclair ne tombe pas du ciel il vient des entrailles du sol. Etat d'amour et coup de rein essentiel dont l'essence est l'aisance.

Feux follets, fous de feu, fous de jeux, dansent parmi les vents et les notes. Enfin les autres sont dans l'ombre, qu'ils y restent le temps qu'il me faut pour apparaître!

Mégalomanie,   mégalomane,   mégalhommage, m'égale l'hommage, m'égale l'homme âge, m'égale l'âge de l'homme, o mage!

FEMME PERLÉE

Aux douces respirations de l'air elle dort, enlacée par ses spirales et courbes de perles nacrées.

Princesses d'Orient.

Les valves ondoyantes reposent par le fond vert et bleu.

Reposante, somnolente son corps vibre d'ondes.

Femme perlée, mystères et clefs, chatoyance écartée et reliefs évidés, elle se dresse et regarde, et l'on a beau chercher à la rencontrer elle est là un instant.

« Perds les femmes! » criait-il et il ne pouvait la quitter du regard. La foudre, en trois coups, revendiqua l'extase!

Il marche et s'arrête, et regarde, au loin : ni le quai, ni la mer, ni le navire, ni le ciel. Il regarde la rencontre de la lumière invisible.

Le navire ajouré balance, revenant, s'en allant, au bord de l'air et de l'eau séparé de l'être par un ruisseau d'or et de paille. Intimité dérobée, il attend et regarde. Une fenêtre cloisonnée irrigue son visage de sa clarté, abat-jour inutile.

Désir de nuit, ombre de femme portant geste à ses lèvres.

Rêve de nuit et de présence. Il discerne un profil d'épaule et de face. Invitation à une rencontre entre un visage et un rivage, désir, désir, là, maintenant un signe blanc.

L'arc prend naissance en le cercle. Arraché il se dresse arbre à jamais.

LE DOCTEUR

Quitter les batailles, les luttes incertaines, les désirs fugaces et erronés.

La bruissante cavalcade des chevaliers aiguisés ne trouble pas le pas assuré de l'homme au chapeau vert. Passé le cadre il sera libre et la fresque équestre ne sera que le souvenir d'un passage assurément.

Le sourire complice déguisé en malice s'accompagne de fraises et d'arabesques sucrées. Appuyé au cadre il observe l'existence avec complaisance.

Narcisse éphémère, ingénue hésitante.

Le carnaval est peuplé de pantins carnivores croqueurs d'âmes et de sens.

Il prend une ficelle y attache un caillou et le fait tourner, tourner, tourner tout autour de lui dans la terre et l'eau, les arbres et les feuilles, les nuages, le soleil. Le caillou tourne et lui avec étant le monde tournant avec autour de lui.

Il était tout simplement assis au bord d'un chemin qu'il avait su connaître en s'en écartant le temps d'un instant.

L'intense misère du monde oblige l'enfant interdit à murer sa parole. Vêtu de lambeaux le jour il cligne dans la nuit et raconte à ses maîtres l'histoire d'un enfant, d'une ficelle et d'un caillou. L'histoire d'un monde se préparant à gronder comme un ciel orageux qui assène son angoisse.

SYBILLE

Le voile se détache et gonfle l'apparence.

Découverts en leurs écrins d'ombre les fantômes de notre présence désirent la paix et fuient la mort.

Les lémures repoussés en soleils dispersés éclatent!

Mânes d'or et de feu !

Fenêtre sur le toit.

Air, feu et terre!

Et l'eau devient absence de prière.

Homme du milieu et revenant revenus clament que l'oracle, à nouveau, parle des hommes aux dieux.

L'ANTICHAMBRE

Il attend, assis suspendu en son ombre qui est le vide qui l'entoure le cerne et le révèle.

Angoissante présence diabolique des êtres qui peuplent nos cranes.

Haïr la mort!

Cracher la mort!

Il reste assis, et lit. Il l'attend.

Il a tant de gaité dans son beau gilet le dernier passager.

Il l'attend, à petits pas.

Il va rentrer, éphémère déjà, à peine passager.

Il reste assis prêt à basculer en son ombre vide.

La présence obligeante des fantômes énerve les athées pourtant il avait tant de gaité dans son beau gilet.

L'antichambre est condamnée.

FANTÔME

Elle est si fragile.

Dans le cercueil des mots les arbres morts grouillent de vers que l'oiseau picore à qui mieux mieux.

Le regard des autres est parfois mortel.

Ah si notre ombre pouvait être claire!

Pourquoi l'air est-il agité de monstres qui surgissent de nulle part comme chemins qui s'égarent?

Caron en sa barque d'acier revient parfois sur nos rives chargées d'âmes.

Hydre au corps de femme, jambes et bouches et regards qui désirent.

Griffes serrées agitées de plaisir.

Tout cela est possible. Jouer à y renoncer pour jouant le spectacle en faire la réalité.

L'autre goguenard peut toujours sourire. Il appartient à celui qui tient le fouet et le cercle, de faire du carnaval le début du carême alors elle, hydre tranchée nette, deviendra. Plis, ondes, yeux grands ouverts sur un monde trop grand.

Oublier la vie! Les gestes, les cris! Sentir le balancement de ses pensées qui s'en vont.

Oublier ce monde trop grand qu'on ne peut concevoir entièrement.

Rêverie d'un instant où tout est fragile.

CENTAURE

Centaure de flammes et de feu arpentant les dédales de couloirs et colonnes!

Ses cris de guerre et bruits de fer résonnent tout autour! Il est le Centaure! L'homme-cheval! Celui qui brille d'éclairs et de flammes! De nuits et de jours! Arpentant les dédales!

Masqué il guette l'ennemi et protège le tombeau où l'animal et l'homme sont le même!

La statue s'anime... Entaille de masque et le masque évidé contemple l'évidence.

Le regard pointu s'arrête en plein milieu et constate esseulé que si la lumière évidemment ne provient pas de l'alentour mais bien de l'intérieur l'Afrique et l'Eurasie alors ne s'aiment que sacrées.

A l'aube naissante d'une genèse persistante l'insistance avec laquelle nous entrouvrons les parois feuillues de l'être-là nous condamne à désespérer d'admirer le regard pur et neuf qui absorbe le monde sans le distinguer.

Premier geste, dernière parole.

Volcan d'eau bruissant, bruyant. Torrent et rosée.

Et la terre! À même le feu! Allonge dans l'air le coup d'épée qui scinde l'espace.

Regard, parole entre l'écoute et le dire !

Apollon et Dionysos !

La verticale blanche est leur respiration commune.

Le maçon à l'œil plombé nous indique l'apesanteur.

TABLE DES MATIÈRES